詩的小宇宙

和孩子玩現代詩

韓麗蓮 著
蔡豫寧 繪

目錄

CONTENTS

推薦序
別來找詩人串門子

林明進　建國中學名師、《起步走笨作文》作者

我一直相信詩人的才情，天賦的居多，你若不是天上來的謫仙人，千萬別玩詩，會把自己玩死。你聽聽騷人的風雅，詩骨一喝，不是大漢的偉岸，就是盛唐的高潮；詩心一吹，不是大漠的漢子，就是荷塘的仕影。聽風雨而來的聲音，那是什麼

情調？把香妃唱成幽囚美人的哭泣聲！別懷疑，那是詩國的籟音。詩人是鎖國的天才，這斷斷不是一般人，我總這麼想。

我一直不相信詩人是可以教出來的！我一直不敢相信教詩的人，可以有這麼巧妙的創思，我也一直驚嘆教詩的人，可以有這麼精緻的設計。可不是嗎！來自後山花蓮的韓麗蓮老師，是個與眾不同的文字魔術師。她幹過記者，有最敏銳的社會觀察力；她當過老師，有最溫柔敦厚的詩教；她是花蓮作文教學的百變女王。這麼一位不斷突破、不斷創新的詩文播種者，其實她是由平常人蛻化為非常人的詩文教學王！

我親眼看過，很多知名的詩人幫人【測字】，面對疑者的難題，透過敏銳的詩心，根據提問者第一瞬間寫下的字，詩人立馬給出決絕的密碼，鮮明而有畫面感，令人折服；我也現場目睹，文字學家以同樣的手法，同樣的文心，透過浪漫而深刻的解讀，靈靈感感地造化如夢似幻的情境，令人讚嘆！可是當我閱讀這本帶領小朋友玩詩的傳奇，我就完全沉醉在樂此不疲的曼妙中！挑詩——做詩籤——抽詩籤——解詩境，這種讓小朋友迸發靈媒似的天心，是詩趣最高妙的消息，這比起「測字」有詩意多了，說不出的妙趣，從空中來！

韓麗蓮《詩的小宇宙：和孩子玩現代詩》，創造了屬於韓麗蓮獨自風采的教學魔術【詩】。教小朋友，自然而然地從詩心養起詩骨的偉岸；教小朋友，順理成章由詩骨撐起詩心的營造。優質的趣味是最不著痕跡的內化，忘我的詩味是最雋永的餘韻。

韓麗蓮《詩的小宇宙：和孩子玩現代詩》這一本渾然天成卻又饒富野味的詩菜單，從後山發芽來了！這十顆種子長這樣：

【詩羅塔】：展現詩留白的特性，引發小朋友思考想像的情境，不自覺間，讓小朋友最乾淨的心和詩境的可能搭上線。

【集句詩】：以詩集裡的目次、書名、歌名、電影等等，形成一組組詩句資料庫，提供小朋友擷取創作。

【童話反思詩】：引導小朋友重新解讀童話，這種源於童心的建構與再創造，有預想不到的後出轉精，甚至反思翻案的新詩境。

【**隱題詩**】：以各行詩句的第一個字為基礎，作為任意增生的原創詩句，這種灌頂格式的趣味手法，足以引發創作的興致。

【**問答詩**】：巧妙組織旋律上彼此襯托，內容也高度相互應和，這種類似山歌式男女對唱的手法，以音樂的連結為勝，十分可喜！

【**重要詩**】：先詮釋物件在一般概念下的特性，再強調使用的人一句自己的生命經驗和獨特的感受而得的詮釋。這是很獨特的衍化教學。

【**花語詩**】：小朋友可以從任何角度，以任何的形式遨遊在詩的想像裡，解讀人間的種種可能來創造詩。這是很解放的詩歌創作遊戲。

【歪樓詩】：透過玩詩接龍，以腦筋急轉彎的元素，進行詩歌寫作。透過興致澎湃的詩心，帶領小朋友進入詩歌創造的天地。歪樓新奇在它的姿態。

【古詩新作】：帶領小朋友引用古文古詩來創作現代詩，引領他們進入詩的意境，藉由提問、延伸，轉換寫詩的再創造。

【鏡頭下的詩】：運用電影運境的手法，帶領小朋友玩「人、事、時、地、物」的拼湊思考，來進行寫作。這是變化無窮的詩鏡頭。

韓麗蓮《詩的小宇宙：和孩子玩現代詩》，結合閱讀素養與文學再創造的理路，跳脫詩文引導的窠臼，顛覆了詩教學的既定訣竅，給第一次教詩的第一線老師們、父母們，觸發詩教學的自然妙方、大膽捕捉詩元素的大機。她的成功處就是從遊戲中激發小朋友懸想的趣味，像孫悟空七十二變般的神奇，這些前無古人而嶄新的教學創意，大多是她從各種閱讀的淬鍊與萃取中，巧奪天工的開創完全屬於她的祕密詩花園。

一座花園就可以創造美麗的春天，我特別期待韓老師每一個觸點都是獨家的教學靈感，在行於所當行和止於不得不止的創意路上，繼續她成熟而亮眼的產出。【詩的小宇宙】不斷揭開神秘詩教學的活水，一波一波不要停。【和孩子玩現代詩】的詩生活，我們臣服，我們還要窺探，我們繼續渴望！後山很近很近，【詩的小宇宙】就在手邊兒！我也要帶一本回家，移植在後山宜蘭寧靜的田間，興土宜。依樣畫葫蘆，玩詩。

建中一叟 二〇二〇．十一．十一

推薦序
走進詩的小宇宙

蔡玲婉　臺南大學國語文學系教授兼主任

回溯五年前，麗蓮邀我當她碩士論文的口試委員，我讀出她學術縛不住的文采，那是她生命蛻變、起飛前的儀式，不知何時化成翩然飛動的彩蝶、展翅翱翔的彩鳳。而今她豈只是破繭化蝶，是莊子〈逍遙遊〉中的大鵬鳥，用溫暖厚實的羽翼，載著孩子，飛進詩的小宇宙。

這本《詩的小宇宙：和孩子玩現代詩》是麗蓮現代詩的創意教學，十個詩的主題教學，十個詩歌教學的現場，篇篇都是文字清暢、靈思飛動的生活小品。我依循書頁中靈活的敘述節奏與充滿戲劇感的場面，看見她帶著魔法棒，揮動著奇思妙想，讓孩子翱翔在文學的天空。這些具有詩歌學理、教學技巧，卻又富有深意的教學紀實，老師的慧黠、學生的憨趣，有時讓你揪心，讓你噗哧一笑。目睹詩意降臨的現場，讓你知道，教學生讀詩、寫詩是可以玩出方法的。

帶孩子讀詩、寫詩，正是這本書的核心。你會聽到這樣的質疑：

「寫現代詩不是詩人的專利嗎？」

「帶孩子寫寫童詩已經不容易了，更何況是現代詩呢？」語文教學一直強調讀寫合一，經由閱讀的吸收，轉化為寫作的動力。如果這是簡單不過的道理，那麼教孩子寫現代詩就不再是天方夜譚，只要給予最足以觸動他們心靈的詩篇，孩子就像吃了仙丹、靈藥，得到天諭，從一兩句天真爛漫的詩語，綻放成一首詩。因此，讀詩不在探究作者的本意，而是重在讀者的感悟，就如麗蓮在文中所言，「允許孩子以任何姿態、從任何角度，遨遊在對詩的想像裡，因為這堂課的重點不是閱讀理解，而是閱讀、理解人世間的種種可能。」這是孔子詩歌教育的理念，「詩可以興，可以觀，可以群，可以怨。」經由詩歌興發感動，詩啟動人的生命。而被觸動的心靈，就是「詩心」，創作就從這感會的靈心開始。

她說，「我從生活這個大資料庫中提取寫作教學的材料，生活也從來沒讓我失望。」「重要詩」教學構想發生的語境是手語課，手語老師的正統打法、聾啞同學的縱情比劃，二人的對比中，示現《重要書》繪本傳遞的：事物有一般概念，也會有使用者獨特感受的詮釋。她將眼前的情境轉化成詩語，將故事分享到課堂。我想著，小朋友聽到老師描述同學無法用小指頭比劃媽媽，用喑啞呼喊媽媽，也一定和閱讀故事的我一樣鼻酸感動，才會啪啪啦啦寫出一串重要詩。

一個能將生活轉譯成詩的老師，連結古文和現代詩，把詠物凝縮在美麗的「花語詩」。餵養心、眼的是周敦頤、余光中、藍朗的詠蓮，是簡媜描寫的含羞草和天堂鳥。她引導小朋友觀察作家書寫的姿態、稱頌和感慨的角度，讓他們理解和感悟，寫出「花語詩」，展現出強大的讀心術，以形寫神，連敏感的心靈也寄託在其中。

「古詩新作」，在余光中、洛夫、鄭愁予等現代詩人，有自覺的化古為新的創作意識，洛夫還寫了《唐詩解構》，用唐詩的意境創造同題的現代詩。郝廣才有一場TED演講：「激發孩子的潛能，給他們最大的翅膀」，他認為教師不只於讓孩子背誦古典詩，而是應該當教練，要孩子創作自己的〈靜夜思〉。麗蓮用提問，用情境聯想和心境感知，帶著孩子進入古詩詩境，孩子寫出意境優美的新作，足以放在《唐詩解構》詩集中。

十種詩的素材，是十種觸動心靈的方式，寫下了十種類型的現代詩教學。還有以「趣」取勝的，如詩塔羅、歪樓詩。

「詩塔羅」，是用詩句的情感跟哲思寬慰人心。用詩句引發想像，小朋友解詩籤各個靈性飛揚，將詩句詮釋出境界。「歪樓詩」是詩歌接龍，讓詩急轉彎衍伸不同的詩境，橫生的趣味引發讀詩的興趣，果真能將學生拐進一片文學的天地。「問答詩」，用聽詩、朗誦詩、表演詩來體會詩歌的節奏美感。回歸詩人寫詩，寫到手舞足蹈的境界。在玩興中叩問天地自然，自問自答，詩得來全不費工夫。童話反思詩、集句詩、隱題詩更是非玩不可。而導演的鏡頭下的詩，是本書的絕唱，麗蓮在描繪繪本鏡頭流轉，往返宇宙後，寫下「我們都在巨人的花園，巨人在如來佛的掌心，如來佛在混沌的一滴眼淚裡」這般的神來之筆。你看到的是豐富多元的規畫寫作課，讓自己與學生轉益多師的胸襟與眼界。

一個好的文學作品，需要作家有一顆敏銳的「詩心」，更要有掌握文字表現力的「詩才」。你從沒想過，一個教學案例，從發想、設計、引導、實際活動到作品展現，可以寫得如此靈動自如，渾然天成。和孩子玩現代詩，以直覺生命的真誠，開啟每一個孩子心靈的宇宙；那真誠感動你我，觸動我們，也成為孩子，走向詩的小宇宙。

推薦序

重要的到底是什麼呢

潘如玲　文華高中國文老師、《認出光速小孩》作者

每一個世代都在思考更新的教學方法；每一個世代都在發明教孩子的策略模組，但我總是想問重要的是什麼呢？

《詩的小宇宙：和孩子玩現代詩》這本書讓我想到《六祖壇經》裡頭有一個故事：初學佛法的惠能聽說五祖要眾人寫下

一首悟偈，大家沒想到這位不識字的惠能居然就在超優秀師兄神秀寫著──「身如菩提樹，心如明鏡台，時時勤拂拭，莫使惹塵埃。」的時候，也一念興起，在牆壁上寫起──「菩提本無樹．明鏡亦非台．本來無一物．何處惹塵埃」一偈，讓五祖立馬傳衣缽與他。

那是一個什麼樣的勇氣啊！被稱為大字不識，一個南來獦獠的惠能，是哪來勇氣敢在號稱第一名神秀師兄的創作之後，寫了那麼一首看似模仿其實進階的詩作，也不怕被比下去，或壓根沒想跟誰比來比去，就只一念興起，興起想寫，就只想寫，沒有再多一點點念想了的寫。於是胸口湧動的一點念，化為水，化成風，流動到身，流到指，透過筆尖，化為文，化為字──我一直以為這才叫做詩。

詩靈動一如點睛的龍，登時能要飛天；詩迅速一如夢幻泡影，如露亦如電。詩是霧裡花，還是風中影，是若有似無還是是，是無覓處時覓還有……。

這樣的詩啊！自個兒創作時可以像隔空取藥人，一味一字細攏慢拈再斟酌。

好啦！自己可以！那教學，教人寫詩怎麼教，怎麼教如何把那些精靈一樣的繆思，好好落入稿紙在人間傳訊啊？

是的！《詩的小宇宙：和孩子玩現代詩》這本書是來陪人把四散紛飛如魂的思緒，急急如律令，百般方法把他們兜起來，兜！

去「詩塔羅」哪一篇哈哈大笑吧！你會看到孩子在這樣的引導下，寫詩跟解決人生問題有了一致性，還幽默十足。當我讀到韓老師寫「詩人必定有著和靈媒一般神奇的體質，透過詩傳達天啟」我真的笑翻，這是一個信仰詩的靈魂說的句子，乾乾淨淨，常雖千萬人，一人獨往，不怕！

看完「詩塔羅」要立馬轉去看「歪樓詩」，在韓老師教法下，孩子歪樓寫詩，歪著歪著，最後點題，哈！極短篇魂魄上身。

「隱題詩」呢！根本是來挑起學生柯南DNA。「童話反思詩」翻轉思緒，「鏡頭下的詩」抓住美好，「問答詩」裡用音樂性帶到全場歡聲雷動有若「集體起乩」的畫面，都值得我們玩入，試試那個滋味！

而我第一個看到，也是我最喜歡的一篇就是「重要詩」。說真的，我也是因為這一篇而非常希望可以為韓老師的書寫推薦序。這一篇說的是韓老師和手語老師陪伴一位聾啞學生的故事。她在書中寫著：

「當手語老師比完『媽媽』的手語——我同學停下所有的動作，他收攏指頭，先抿緊嘴唇，再努力顫動聲帶，眼耳鼻舌身意同心協力，迸出連綿的音節，只有這個名詞能讓聾啞的他衝破沉默，此刻天地無聲，他喑啞的喉嚨發出稚兒般的呼喚：『媽——媽！』」

聾啞的學生對「媽媽／重要的是／小指頭／她是女生」實在非常不能接受，在他心中最愛最偉大的媽媽怎麼能只是一個小指頭！媽媽的愛與好怎麼可以只透過比手畫腳就讓人懂……。

我讀著讀著眼淚掉下來，因為寫著這篇文字的同時，我正在失去母親的痛楚裡，那個痛是自以為準備得很好了，但依舊排山倒海淹沒你的痛，你一邊痛一邊清晰看著所有發生，然後嘗試紀錄下來，跟詩作一樣！

重要的是，一念興起，不與人比，直直如淚落面，如字落紙，一點不差，記下。重要的是，這書嘗試陪初初想寫詩的人兒，一下！一下啊！就要抓住那個花，那個霧，那個雷電，那個泡影……化為詩！

好可愛的傳授書，4不4！

這是這本書重要的！

自序
讓孩子靈犀躍動，醒來寫詩

詩本來就是孩子最初的語言，只是他們後來忘記了。

我帶過一群山裡的孩子，霧來的時候他們叫我快看：「霧把山吃掉了！」被蚊子咬的時候他們說：「蚊子好猛！廁所咬我！」一張大嘴讓我檢查牙齒的時候說：「舌頭會帶路。」放假回家的時候說：「老師，我天亮天黑天亮天黑都會想你。」那時候他們習字不多，天地遼闊，往往發聲成詩。

還有一年，我在「少年之家」陪伴脫軌的少年們觀影寫作，血氣方剛的他們上課或坐或躺，也有幾個愛理不理。三個月後的最後一堂課，來到聽詩的時刻，是雷光夏的〈原諒〉：

我卻原諒了你
像海洋原諒了魚
潮水在月光下流動著語言說
我已原諒了你
幻想沒了身體

想掙脫地球的力
虛無的漂浮在溫暖的夜空裡
靈魂不再悲泣

夜空亮起你的星星
顏色多美麗
而我的星球自行旋轉
將離你遠去

一個躺在地板上的孩子，倏地從地板上跳起，拿著稿紙離去。我以為他翹課去了，沒想到半小時後他拿著夾雜錯字和注音，但寫滿半頁的稿紙回來跟我說：「老師，我寫的時候很難過，我哭了！這是我寫過最長的。」「我小的時候，我媽和別的男生出去外面玩，把我放在家裡不管我，之後她到酒店上班，還選擇了吸毒和喝酒……，一直到今年，我才原諒了我那該死的媽媽！」

我相信，那一刻，他是真心願意開始原諒，我看見，他水盈盈的眼睛裡，也有夜空亮起的星星，顏色多美麗！

這些年來，我在課堂上帶孩子們讀詩、唱詩、玩詩、跳詩，都只是讓他們記起、喚醒他們屬靈的時刻，而不是教他們什麼。我只消把詩的聲、韻、形展開，讀出來、玩起來，他們純真的靈魂便紛紛出動，和我深情唱和，欣喜共振。我想，每個孩子的內心，都有一個必須以詩叩門，才能開啟的小世界，讀詩是精神的深呼吸，寫詩是體內有風動，自然而然，不得不寫。

李歐梵說，詩在引發人類思考和想像的方面要超過小說。我不知道是不是這樣，我只知道，也許忙碌的生活讓人沒有閒暇讀完一篇小說，然而讀一首詩的時間總是有的，我們何不趁早讓孩子親近詩，將詩教融入美感教育、品德教育，一定比說教來得有趣，有趣的事才能吸引孩子置身其中，有益學習。

今天讀詩了嗎？《詩的小宇宙：和孩子玩現代詩》這本書裡，有許多大詩人、小詩人的靈犀躍動，但願每個翻開這本書的人，都能在一首詩中舒緩自己，或淚或笑、或唱或跳，當我們以詩人之眼俯視苦難的現實，現實便得以被超越，高我探出頭來，且喜無拘無礙。

最後，我想跟所有曾經來到我身邊的孩子說：「謝謝你們，這世界有你們才好玩，醒來寫詩啦！」

重要詩

寫作教學沒有現成的課本和教學指引可照本宣科，關於教什麼？怎麼教？對我來說，生活即是備課，備課即是生活。逛菜市場、看蟬蛻、做愛玉、啃甘蔗、嚼口香糖、吹泡泡、吵架……，這些日常裡發生的事，都是我的課程主題。每當我向「生活」這個大資料庫提取寫作教學的材料，生活從來沒讓我失望。這堂課的靈感來自一堂手語課。

我的手語老師劉秀緞是花蓮唯一領有乙級技術士證照的手譯員。因為不捨有口難言、無法溝通的聾人，她在臉書尋人，發願免費教授聾人手語，即使只有一個學生也不錯過。

劉老師和她尋來的第一個學生阿萬（化名）的第一次相遇是在法院。幾年前，老師去法院擔任手語翻譯，聾啞不識字的阿萬是被告，由於他的自然手語太過天馬行空，關鍵細節偏偏是無人能解的謎之音，法院只好找來另一位學過正統手語的聾人，靠著聾人和聾人之間的默契去初步理解，再轉譯給老師。

在那之後，劉老師三番兩次去阿萬工作的地方找他，希望說服他學正統的手語，可以更精準的表達，必要的時候為自己辯護，因為即使聾啞人是最厲害的默劇演員，但在關鍵時刻，總有演不出來的關鍵細節。可他覺得自己的身體語言夠用了，而且他一個人得做兩份工作，還得照顧八十幾歲的媽媽呀！

但他終究還是來上課了，因為法院那次，劉老師救過他。當他跛著因為膝蓋腫脹而向外畫弧的O型腿，一跛一跛地走進麥當勞，老師開心得幾乎跳了起來：「他來了！他來了！」，我和阿萬成了同學。

「睡過頭了，醒來，一看時間，趕快趕來，好想睡覺！真是的！」沒有語言可調度，他動用他的眼神，表情，動作，頭兒肩膀膝腳趾，一切微語言來表達。

又聾又啞的人，無法雕琢語句，不連貫的語詞，得靠聽者的想像補綴串連：「我媽媽懷我的時候騎摩托車，路面顛簸，摔倒了，所以我聽不見。我爸爸六十四歲就去世了。我十八歲的時候和朋友出遊，被扯入打群架，對方七人，我方五人，我沒打，只是勸架，結果竟然被抓去關，監獄裡一間關十五人，我每天只能吃一頓晚飯。」

十八歲出門遠行，無端惹禍，荒謬莫名。老師更覺得他得好好學手語！

上課了，老師指著書上的畫，開始教正統手語。

老師：乒乓球，是拇指和食指圈起來，小顆的球。
阿萬：不是，發球前要把球拋起來，另一隻手持拍擊球。
老師：蛋——是圓的，雙手剝開蛋殼。
阿萬：不是不是，是——叩！敲一下蛋殼，單手就能掰開蛋殼。
老師：飲料——是杯子，手比六，當吸管，插入杯中。
阿萬：不是不是，吸管頂端要彎曲，才方便喝。
我和老師一邊笑著讚嘆他的縱情比劃，一邊提醒他正統手語的精簡打法。
老師：三明治，一手比三，另一手把它們包起來。

阿萬：不是，它本來是長方型，對切才變成三明治。

老師：飯，是碗，在碗沿刮一下飯匙。

阿萬：不是不是，是碗，盛飯，多盛一點，壓一壓，壓成小山。

夏日午後的麥當勞，他把語詞變成向四面八方展開的語言，他的聾啞不識字，和他的生命經驗，把每個語詞變成了微電影，帶我們進入意義的叢林，編織一句句有手勢的詩。

這手燦蓮花的隨堂演譯，讓我想起《重要書》這本充滿詩意的繪本。瑪格麗特在繪本中，先解釋物件在一般概念下的特性，再強調使用的人依據自己的生命經驗和獨特的感受而來的詮釋：「鞋子／重要的是你可以把腳穿進去／你穿著它走路／

到了晚上你把它脫下來／脫下來的鞋子／裡面溫溫的／但是／鞋子／重要的是／你可以把腳穿進去。」手語老師和阿萬，在我眼前比劃的，不正是《重要書》的意義！

蛋／重要的是／它是圓的／它有蛋殼
蛋／重要的是／厲害的人／單手就能打蛋
乒乓球／重要的是／拇指和食指圈起來／小顆的球
乒乓球／重要的是／發球前把球拋起來
另一隻手持拍／擊中它

飲料／重要的是／杯子／還有吸管
飲料／重要的是／吸管的頂端

一定要彎曲／喝起來才方便

三明治／重要的是／它有三層／包起來
三明治／重要的是／它本來是長方型／對切才變成三明治

飯／重要的是／用碗裝／把飯匙上的飯粒刮乾淨
飯／重要的是／壓一壓再裝／要壓成一座小山／才吃得飽

而媽媽／重要的是／小指頭／她是女生

當老師比完「媽媽」的手語——阿萬停下所有的動作，他收攏指頭，先抿緊嘴唇，再努力顫動聲帶，眼耳鼻舌身意同心協力，迸出連綿的音節，只有這個名詞能讓聾啞的他衝破沉默，此刻天地無聲，只聽見他喑啞的喉嚨發出稚兒般的呼喚：

「媽——媽！」

我忍住就要奪眶而出的淚水，用力為他鼓掌。是啊！在他心裡，媽媽怎麼會是小指頭呢！媽媽是偉大到無法用雙手比劃的人，「媽媽」這兩個字蘊藏的能量，巨大到能讓聾啞的人再度開口，鏗鏘呼喚。

回到課堂上，我和小朋友們分享這個故事，小朋友們寫下自己的「重要詩」：

> 鑰匙／重要的是／它能為你解鎖／而鑰匙／重要的是／許多人常常把它忘在家中／把自己鎖在門外——謝承佑（六

年級）

影子／重要的是／它攤在陽光下／而影子／重要的是／它被踩到不會喊痛——蔡宸翊（六年級）

外套／重要的是／它可以禦寒／而外套／重要的是／披上它才能變成小飛俠——郭子筠（五年級）

貓／重要的是／牠可以跳很高／而貓／重要的是／牠很會躲貓貓——龔宥安（三年級）

校長／重要的是／他決定學校的大事／而校長／重要的是

／他記不得學生的名字——楊欣糖（六年級）

夢／重要的是／睡著時它才會出現／而夢／重要的是／醒來它就不見——郭擇霖（六年級）

屁股／重要的是／它可以排出廢氣／而屁股／重要的是／我不乖的時候／它會被打——翁崇峻（五年級）

幼稚園／重要的是／裡面有很多幼稚的小朋友／而幼稚園／重要的是／那是很多人初戀發生的地方——洪愷祈（三年級）

許願池／重要的是／要投錢才能許願／而許願池／重要的是／沒人知道池裡的零錢最後去了哪裡——陳柏諺（五年級）

媽媽／重要的是／她生出了我／而媽媽／重要的是／她可以代替鬧鐘——黃以芯（四年級）

花語詩

帶孩子讀古文的時候，我喜歡找出相關的現代文學作品，讓他們欣賞現代文學家如何以古文為基底，延伸想像再創作。例如陶淵明的〈桃花源記〉可以和哲也的《晶晶的桃花源記》互相參照，找一找哪些是從古代的桃花源穿越而來的蛛絲馬跡。而周敦頤的〈愛蓮說〉，除了學習作者如何描寫花的姿態以及藉此稱頌什麼？慨嘆什麼？我也找了詩人藍朗的作品，讓孩子們欣賞詩人筆下的——蓮的意象。

「我已無路可退／每當我向前踏步／路便會再少一步／而我拖著他的勇氣／也好像變得越來越渺小／究竟你是怎麼做到的？／穿越無數的黯黑歲月／仍然可以了無牽掛／不蔓不枝／亭亭／而又從不低頭／擁有這池的中央／你是否經已滿足？

／你所嚮往的自由／是否都已寄存於心？／所以你絲毫沒有老的跡象／好像已沒有什麼能夠阻擋／我慕死的那種強烈慾望／你可用你的葉盛載我的憂傷嗎？／如果可以／請你也替我抱著他／我們都是失了池水的蓮花」藍朗的〈蓮〉這首現代詩，孩子們很容易標記出那些句子是〈愛蓮說〉再現。不同的是，詩中的「我」在惶惑軟弱，就要失去勇氣的時候，把「蓮」視為傾吐的對象，進一步想知道「你究竟是怎麼做到的？」「你」如何能穿越黯黑了無牽掛，不蔓不枝不低頭？一連串的叩問之後，「我」更進一步提出了請求：「你可用你的葉盛載我的憂傷嗎？／如果可以／請你也替我抱著他／我們都是失了池水的蓮花」請承接「我」，也抱著「他」好嗎？因為「我」和「他」都是「你」的族類——失了池水的蓮花。

這是什麼樣的局面啊？如果你是蓮，你會怎麼說？怎麼做？「這是未婚媽媽獨自撫養小孩就要撐不下去的局面，最後只好回來找孩子的爸爸讓小孩認祖歸宗的故事。」

「這是你愛我，我愛他的故事，結果他生了重病，我只好拖著他來投靠你。」

「蓮無法答應，因為——蓮，已經有蓮子了，載不下了。」

允許孩子以任何姿態、從任何角度，遨遊在對詩的想像裡，因為這堂課的重點不是閱讀理解，是閱讀、理解人世間的種種可能。

除了蓮花之外，我挑選簡媜描寫含羞草和天堂鳥，如詩般的散文，讓小朋友們「猜猜我是誰」：「我只是路過，順便問候妳。……起來吧！我不是漢皇」；「一次又一次，被罰去展翅，去振翼，向著天堂的方向，一次次飛落。多長又多遠的謫放，人間竟也有如此的重罰。」

而藍朗的〈像我這樣的蒲公英〉除了用來猜花名，更是敲中了國中生無端感傷，卻等待被理解的心靈：

風最終無法使我更堅壯

為著別人，我編織
白色的絨球
某些逼於無奈的時候
我得顯露自己是
Dandelion
很多人卻沒有覺察我
其實是空心的
很多人對我哭
他們都羨慕我的輕盈
假如我在風中沾染苦痛
我還是不能自控地濺出
很多白色的乳汁

有時我的確想
在相對安穩的日子以後
變成一把小白傘
乘著風勢
窺看一個未知的人
看看他們身上是否同樣
暗藏一朵鮮色的小花
但我始終無法向別人道出
我渴望隨風飄散的那天
離開所有我認識的人
離開所有苦楚
化成春泥以後

我想給自己好好治療
我不想再當別人的藥

「原來被詩觸動的感覺是這樣！」孩子這樣跟我說。
然後他們提起筆，寫出了自己的「花語詩」：

你高傲的背影／總是冷冷地望著遠方
沉默不語／冷漠的你／是否也有渴望／也在等待著誰？
我伸手探問／碰觸到／你的／刺
我以血的溫度／融化你刺上的雪

——邵瑜（七年級）

細細的枝條／薄薄的綠葉／紫色的花兒
相互交疊、爭鋒著
擠成一團的你們／是否也渴望離群而居、遺世獨立？
在炎夏綻放的你們／是否也嚮往冬日的清冷？
當你們被摘下／成為公主招親的七彩繡球
那一刻／是幸福的開始／還是燦爛的結束？
——何冠穎（七年級）

從沒見過這麼雄壯威武的花／把自己開成一座堡壘
翡翠色的綠葉／在陽光的照耀下／金光閃閃
小巧的紅花／脫掉花苞的束縛／宣示著山坡上的主權
荒蕪的大地有了他／就成了花果山福地／水濂洞洞天

小雞鑽進去躲雨／母鴨鑽進去做窩
無數的昆蟲／也在翠綠火紅的秘密基地／繁衍後代
嬌嫩未必是最美的花姿
美麗又強韌的龍船花／是花中之王

——黃宣禔（七年級）

詩塔羅

詩人葉覓覓善於用她寫的詩句和攝影作品來為人解惑，謂之「詩塔羅」。前來問津的人在默想自己的問題後，抽一張圖卡和詩籤，葉覓覓便據此回應。例如有一次，一群媽媽們問她有關親子的問題，結果抽到的是：「愛我就像愛一朵野牽牛」，葉覓覓對詩籤的詮釋是「只要愛孩子就好了，不要擔心那麼多。」

還有一位問津者因為敬愛的哥哥突然往生，她很想念哥哥，想知道他過得好不好。她抽到的詩籤是：「最前面的前面就是後面」。葉覓覓說：「這是一個生死循環的概念，哥哥死了，他同時也生了。他可能會留在天上學習，也可能會以嬰兒的樣貌，再次投胎。哥哥一直都會在。只要你和家人不要忘記對他的愛，就好了……。」

對於詩的能量，葉覓覓說得好：「詩的好處就是這樣，詩不像小說鉅細靡遺、有厚實的鋪陳，詩會留下很多空白，讓讀者去填補；短短一句話就能開啟巨大的想像空間，它可能是一座橋、一條河，它也可以留在原地，讓人們把它變成任何可以抵達彼岸的東西。」我認為詩，的確就是宇宙透過詩人捎來的訊息，詩人必定有著和靈媒一般神奇的體質，透過寫詩傳達天啟，而「詩塔羅」則更進一步示範了如何運用詩句引發思考和想像，讓詩的哲學與抒情寬慰人心。

這麼靈性飛揚的遊戲，我們當然要來玩一玩。在上課之前，我從眾家詩人的詩集中，挑選並製作了詩籤，把各路詩人的詩魂都召喚到課堂來。接著請小朋友默想心中的問題，閉上眼睛抽一張詩籤，再自行尋找另一個小朋友解籤，並且記錄下來。有趣的是，小朋友們抽中的詩籤幾乎都能回應他們心中的問題：

問：我以後在天堂會過得如何？
抽到的詩籤：走失的企鵝／收留在澡盆裡／早晨闖進來像一頭犀牛（出自夏宇《草莓派》）
小朋友解籤：以後你在天堂會過得很好，每天可以泡澡，和動物們像家人一樣，還有養的寵物都是稀有的寵物。

問：我可不可以成為他的男朋友？
抽到的詩籤：我強迫他在我的故事現身／但他在故事中並

不快樂（出自利文祺《獅子》）

小朋友解籤：可能可以，但是很快就會分手，因為是勉強在一起，她不快樂。

問：如何讓我的數學一百分？

抽到的詩籤：迎面撲上你／伸手去抱你／想和你結婚（出自馬尼尼為《我現在是狗．老貓簡史》）

小朋友解籤：你要把數學當成你最愛的人，每天相親相愛，不停的練習，就像和數學結婚一樣，就可以考一百分。

問：我能不能交到許多新朋友？

抽到的詩籤：此生是場無緣的渡／我在一葉朽舟上（出自秦佐〈水葬〉）

小朋友解籤：你最好學習跟自己相處。

相較於小學生單刀直入、簡明扼要的解籤，中學生在玩這個遊戲時，儼然是心理諮商師的姿態，更能擴充解釋詩句：

問：我未來會做什麼？

抽到的詩籤：我不可能跟大家一樣要搭車回家／我一定是要到另一個地方去（出自楊澤《浪子回家篇》）

謝赫暄（八年級）解籤：未來，你可以是海、是陽光、可以是海鷗，若你選擇當一片汪洋，有人與你共同沉浮；若選擇當暖陽，你是世人的希望；若選擇當飛鳥，你將獨自飛向遠方，無論如何，你是獨特的。

問：我什麼時候能找到真愛？

抽到的詩籤：現在／就要從溫暖的座位出發／面朝大海（出自陳克華〈幸福——二〇一五給海子〉）

黃宣禔（八年級）解籤：你需要有行動才能找到真愛，雖然家裡的沙發和床都很溫暖，但是如果你每天在家睡覺、幻想、滑手機，真愛永遠不會來臨。建議你一邊充實自己，一邊尋找，你的真愛會在東方海邊出現。

問：我被女朋友分手了怎麼辦？

抽到的詩籤：對於傷口你要服貼／水才不會滲進來（出自段戎《煮》）

朱樂和（八年級）解籤：既然已經分了，不要再去想，要接受這個結果，這對你來說，也許是好事，不要再說什麼或做什麼，不然傷口會越裂越開。

問：未來我的足球可不可以踢得好？

抽到的詩籤：坐在草地上／草認為我是一座荒涼的山／坐在樹下／樹認為我是一塊無用的石頭（出自蘇紹連《趺坐》）

劉坤元（七年級）解籤：在這首詩中的草和樹代表的是那些質疑你的人，在我看來，你並不需要去在意別人的眼光，很多名人在成功之前也受過不少冷嘲熱諷，你只要專注在當下，不斷努力，就會嚐到甜美的果實。

問：怎麼博取對方的好感？

抽到的詩籤：我沒有領到蠟筆／沒有得到一個彩色的時刻／我只有我／我的手指和創痛。（出自顧城

〈我是一個任性的孩子〉）

林思妤（九年級）解籤：你永遠要做自己，不必為了別人改變。沒有蠟筆，並不代表不能擁有那些繽紛的時刻，因為你還有鉛筆、彩色筆和水彩筆呀！創痛會過去，只要手指還在，你就可以揮灑自己人生的畫布。

這個「詩塔羅」的遊戲很適合用來引發孩子們對現代詩的好奇和玩性，讓他們領略詩的神秘力量，彷彿無論面對什麼難解的問題，總能向詩探詢，詩也總是正好想跟我們說些什麼。

歪樓詩

自從玩過「詩塔羅」，孩子們常常在上課時要我用詩幫他們占卜。

「請問我以後會不會選上立法委員？」一個熱衷政治的男孩走到我面前問。

「嗯……我們不當立法委員好不好？改變世界的方法有很多啊……」得先給孩子一點心理建設。

「籤裡怎麼說？」男孩要我直接給答案，無須繞圈子。

我只好直接讀出籤詩：「可笑！」籤詩還沒唸完，教室裡笑聲雷動。

「其實不是可笑啦！」是這樣的：「可笑時間哪有什麼如果／可是沒有如果／如果沒有如果」席慕蓉這麼說。

男孩失望地走回位子，另一個男孩馬上迫不及待前來問卜：「請問，我會不會和我很怕的一個女生繼續同班？我們已經同班九年了，我真的不行了！」

打開籤，我無限憐惜的看著他：「孩子，你要堅強！馬雅印記天命波符裡的挑戰同時也意味著拓展，面對挑戰才能讓你成長……。你們，命中注定，在人生這場大戲中，糾纏在一起，因為，籤詩，是這樣的：「海上月是天上月／眼前人是心上人／向來心是看客心／奈何人是劇中人」又一次的笑聲雷動中，另一個男孩黯然神傷地走回座位，喃喃自語的說：「我真的很不想……。」

所謂命是注定，運能自轉。孩子落寞的背影讓我想到：山不轉，路轉；路不轉，「詩」轉。我們何不來玩詩接龍，讓詩急轉彎，衍生出不同的詩境：

突然天降大雨／所有沒帶傘的人擠在一道窄簷下／有人深吸一口煙／丟掉大喊一聲：衝（出自陳克華〈突然天降大雨〉）

詩的急轉彎：

突然天降大雨／所有沒帶傘的人擠在一道窄簷下／有人等傘來／我在等雨停

突然天降大雨／所有沒帶傘的人擠在一道窄簷下／有人張口喝雨／說：滋味恰似無糖綠

突然天降大雨／所有沒帶傘的人擠在一道窄簷下／有人尿忍不及／趕緊跑進雨裡／讓人分不清／是尿還是雨

突然天降大雨／所有沒帶傘的人擠在一道窄簷下／有人走向我／拿出手機：要不要玩「傳說對決」？

你／一會看我／一會看雲／我覺得／你看我時很遠／你看雲時很近。（出自顧城〈遠和近〉）

詩的急轉彎：

你／一會看我／一會看雲／我覺得／你看雲時很深情，看我時很馬虎！

你／一會看我／一會看雲／我／想成為那朵雲。

你／一會看我／一會看雲／我／覺得你好忙。

你／一會看我／一會看雲／我／擔心你的脖子會扭到。

你／一會看我／一會看雲／我／還是來看手機！

我問爸爸／什麼是人／爸爸說／人是一個月亮／你永遠看不見他的背面。（出自夜無《褪獸期》）

詩的急轉彎：

我問爸爸／什麼是人／爸爸說／不重要！

我問爸爸／什麼是人／爸爸說／台灣最美的風景是人。

我問爸爸／什麼是人／爸爸說／走／我們去醫院！

我問爸爸／什麼是人／爸爸說／孩子／你怎麼了？

我問爸爸／什麼是人／爸爸說／我果然抱錯了！

我問爸爸／什麼是人／爸爸說／自己去照鏡子！

我問爸爸／什麼是人／爸爸說／你媽不是人！

雖然急轉彎的結果很歪樓，但後來有的孩子玩出興致，會自己上網搜尋適合歪樓的詩來接龍，若能因此多讀幾首詩，或許也能拐進一片文學的天地。

問答詩

關於那些深具音樂性的詩，我很想知道詩人在創作的時刻是否正聽著某種類型的音樂？或是自小受音樂的薰陶，寫詩的時候，音樂便自然地流淌向詩？

二〇二〇年四月，我在花蓮文化局的楊牧追思特展上朗讀楊牧的〈花落時節〉，背景音樂是陳克華唱他自己的寫的詩「秋日葬禮」——

彷彿遠方有莫名的慶典（秋日葬禮）
就如此站立／在雨中站立（花落時節）
我逆著眾人的方向行走／逆著金黃美好的陽光（秋日葬禮）

一條黑色的影子／沒有意義（花落時節）

這兩首詩不但在旋律上彼此襯托，內容也玄妙地互相應和。秋日的慶典原是一場落花的葬禮，秋日葬禮逆著陽光，花落時節出現了影子。

我來到空敞而大片的秋（秋日葬禮）
飛霧飄過了濛濛的街道（花落時節）
一群群樹都瘦下來以後（秋日葬禮）
我看見林中乾燥的行人（秋日葬禮）
有人急急走過，走過（花落時節）

倘若不標記詩題，若說這是出自同一人同一首詩的詩句也是詩意連貫，毫不違和。而當陳克華唱著：「我的聲音在空氣中紛紛乾燥地墜落」，下一拍，我正讀到楊牧的：「墜落，墜落的是一切懸掛的淒迷。」

詩也是一種樂譜吧？自帶旋律的音樂詩其實不少，陳克華的〈書〉，則是完全能以「卡門」的節奏朗讀：

將你我
裝訂成書裡
不相鄰的兩頁
在層層阻隔中
仍要時時感知

彼此的壓力
如果有人
正讀到你我之間
相信
他必定要夾入一張題了
詩的書籤
標誌你我分隔的歲月
如果有人讀完了這本書
希望他不要發現
其中的兩頁是相同的

在課堂上，我也嘗試著讓孩子們聽詩、跳詩、表演詩，讓詩動起來。

有一堂課，我們讀管管的詩，小朋友們獨鍾〈春天的鼻子〉。

春天的嘴是什麼樣的嘴／小燕子呢喃是春天的嘴
春天的飛是什麼樣的飛／翩翩蝴蝶是春天的飛
春天的臉是什麼樣的臉／杏花李花是春天的臉
春天的手是什麼樣的手／垂垂楊柳是春天的手
春天的腳是什麼樣的腳／蒲公英就是春天的腳
春天的眼是什麼樣的眼／化冰的小河是春天的眼
春天的頭是什麼樣的頭／滿山杜鵑是春天的頭

還有鼻子呢／亂跑的蜜蜂是春天的鼻子

這首詩絕對是打擊樂來的，管管自己曾經把《春天的鼻子》朗誦成一段節奏歡快的Rap，朗誦至最後兩句時，他忽然一個休止符，節奏暫歇，曲調一轉，他用京戲的唱腔大聲唱出：「還有鼻子呢——亂跑蜜蜂是春天的鼻子。」明明是歡暢的春天，節奏輕快得我們都忍不住扭腰擺臀，為什麼要慢下來？也許是詩人的另一種俏皮，但不知怎地，我總覺得感傷，也許是詩人的菸嗓，拖著拖著就拖出了滄桑。我們不這樣，我們擊掌、擊腿、擊桌面，邊大聲朗讀邊敲出節奏，要精神奕奕、一氣呵成，中途絕不停頓！最後一句更要歡聲雷動，太鼓鼓手般敲下最後一響，再大喝一聲：「嘿！」這集體起乩的一堂課，小朋友們都不想下課，一再要求再玩一次，有人以管管的〈春天的鼻子〉為譜，寫出了自問自答的詩。

夜空

夜空的嘴是什麼樣的嘴？一輪明月是夜空的嘴
夜空的眼是什麼樣的眼？閃耀繁星是夜空的眼
夜空的臉是什麼樣的臉？黑色布幕是夜空的臉
夜空的飛是什麼樣的飛？一閃流星是夜空的飛
還有守衛呢？不眠的貓頭鷹是夜空的守衛

——林潔昕（六年級）

街道

街道的嘴是什麼樣的嘴？汽車喇叭是街道的嘴
街道的眼是什麼樣的眼？綠燈紅燈是街道的眼
街道的臉是什麼樣的臉？美麗櫥窗街道的臉
街道的手是什麼樣的手？警察指揮是街道的手
還有心臟呢？十字路口是街道的心臟

——范若婕（五年級）

春天

春天的嘴是什麼樣的嘴／鳥叫蟲鳴是春天的嘴
春天的手是什麼樣的手／蜿蜒河道是春天的手
春天的腳是什麼樣的腳／漂流木是春天的腳

春天的髮是什麼樣的髮／滿山油桐是春天的髮
還有鼻子呢／徐徐和風是春天的鼻子
——劉侑昇（四年級）

童話反思詩

維瑞娜・卡斯特在《童話治療》這本書中，說明如何以〈小紅帽〉、〈勇敢的小裁縫〉等童話作為心理分析的工具，有效地運用在團體治療中。「童話潛伏在夢的門口，等待著進入兒童無意識的機會，然後伴隨他直到成年。」耿一偉充滿詩意的導讀給了我寫作教學的靈感。在「童話反思詩」這堂課，我希望引導小朋友「有意識」地重新解讀耳熟能詳的童話，並且試著以詩般的文字寫出來，像林婉瑜寫的「童話故事」這樣：

童話故事

1

小紅帽最介意的是

她其實喜歡
藍色的帽子
可是奶奶說　女生要戴紅色

2

睡美人蠻累的
只想繼續睡
偏偏就有人一定要來吻她

3

自從村民知道
誠實的樵夫獲得了金斧頭銀斧頭
現在湖底都是
村民們丟的斧頭

4
第一隻小豬　蓋了海砂屋
第二隻小豬　蓋了輻射屋
大野狼從煙囪掉進第三隻小豬家的火爐
所以第三隻小豬的房子
成了凶宅

5
青蛙王子不太適應　和公主的婚姻生活
他想變回從前那隻青蛙
那隻單身的青蛙

6
放羊的孩子大叫：「狼來了！狼來了！」

只是這次
沒有任何人相信他說的話
狼慌張的跑到同伴身邊說：
「怎麼辦？我剛剛看到一個人類！」

7

龜兔賽跑的獎品是
一箱紅蘿蔔
所以烏龜又從終點慢慢的
把紅蘿蔔扛回去
交給在路邊睡覺的兔子

——林婉瑜

林婉瑜的「童話故事」提供了可參考的創作形式，至於內容的思索，我以《三隻小豬的真實故事》這本繪本為例，說明作者如何透過不同的視點，顛覆《三隻小豬》的既定觀點，增添情節，注入不同的思考，探尋新的寓意。

這本替大野狼翻案的繪本重新塑造了大野狼的形象，根據「大野狼日報」的報導，大野狼原本只是為了給奶奶做一個生日蛋糕，去向小豬借一杯糖，沒想到打了個大噴嚏，不小心把建材不牢固的房子吹倒了，而小豬其實是被自己所蓋的不牢固房子壓死的，吃掉一隻死豬是基於狼的生存本能，只是剛好而已，有順勢而為的正當性，大家卻一面倒的相信「小豬日報」的報導，把大野狼貼上「壞蛋」的標籤。被囚禁在監獄中的大野狼除了為自己喊冤，還不忘初衷的問：「也許你可以借我一杯糖。」這個翻案故事讓人覺得即使身陷囹圄，仍心心念念要為親愛的奶奶做一個生日蛋糕的孝順乖孫子大野狼，真該有人出來為他說句公道話呀！

至於灰姑娘、小紅帽、白雪公主這些童話故事……，會不會也另有隱情或不能說的秘密藏在其中呢？灰姑娘的玻璃鞋、小紅帽的紅斗篷、白雪公主的蘋果，這些決定童話故事中主角命運的關鍵物件如果被置換，結局會有什麼不同？青蛙王子裡的青蛙、阿拉丁神燈裡的神燈……，倘若讓不同故事裡的角色跳出傳統語境，互相穿插，他們彼此會激盪出什麼火花？一堂課的時間沒能有太多討論，此時也不需太多討論，問題拋出去就好，讓孩子各自思考。

睡美人

不管你是誰
我睡覺的時候都不准來吵
因為我是睡了才會美的人
我需要長長的美容覺

——郭倖伸（五年級）

青蛙王子

喔！公主別親我呀！
我在等的是另一個王子的吻！

——鍾承哲（五年級）

三隻小豬

大哥、二哥都被吃掉了
只有我還活著
真正的原因是
他們的肉比我多
還好我有聽爸爸的話：
「就算是一隻豬，也要控制體重。」

——楊蕎語（六年級）

白雪公主

繼母啊繼母
妳用毒蘋果對付白雪公主是行不通的

妳應該給她吃臭豆腐
這樣王子就不敢親她了

——羅方伃（五年級）

集句詩

新北市立圖書館曾經舉辦「書架上的現代詩——到圖書館動手作詩」活動，邀請讀者走進圖書館，將書架上的書排列組合，用書名創作成一首新詩。這點子很適合拿來和小朋友玩。至於什麼樣的書名適合收納成詩句？我認為最好的方法就是先帶領小朋友讀一讀現代詩。

一般小朋友的課外閱讀經驗裡是很少主動去讀詩的，他們的說法是：因為詩很難懂。在課堂上，我要他們拋開那些嚇人的文學理論和閱讀理解測驗，告訴他們：關於詩，每個人都可以有自己的讀法。更何況詩人完成一首詩之後，未必期待讀者懂，他們更歡迎讀者在詩裡跳躍，向四面八方地讀出另類觀點，讓詩句長出意義的叢林，世界被重新創造。

我說我有時候是這樣讀詩的：

翻開李進文《雨天脫隊的點點滴滴》這本詩集，首先你瀏覽目次，胡亂望去，「小美好」裡怎能有讓你頭痛的「背單字」？「時光亂入」怎麼亂成了「一天兩個五月」？「國父與我」八竿子也「萌」不在一起的啊！目次是詩集的玄關，你可以在這裡先行推理，再往下解謎，「讓每一片葉子迎風認出問題，欣賞它的動機」。

常常在第一首詩中，你會收到指令，請大膽地「放棄你的一部分」，脫隊走詩，如是你將聽見植物歡鑼喜鼓咚得隆咚鏘，「看見光蔭跨坐紅磚牆晃著小腿」，當昨日和未來都回到「偶爾頓挫，依然遼闊」的今天，你明白「負面也能好好行走」，不快樂也能向陽生活，而所謂的小美好，是噙淚含笑皆能歌的體質，是平凡事物中發現物外之趣，悲傷後找到生命的贈禮。

最上乘的詩，其實就是宇宙給的平安符，不信你打開詩集，開始與神對話——「沒關係，至少我愛你。」你看！第一頁的引號就標註著祂傳來的訊息，你把它刻在心裡，反覆吟詠，冬日有暖，暗夜有光，還有隨時能為自己奏樂的弦，至此你已忘了解謎，可以元氣飽滿的回到現實裡，原來「愛，是這樣頭殼壯壯」[1]，和一首詩一樣，誰在乎裏頭有什麼大道理！

然後我萌生了自己的玩法，以詩集裡的目次，收納詩題，排列組合成一首集句詩：

1 引號裡的句子出自《雨天脫隊的點點滴滴》詩集中的詩題與詩句

變形金剛與詩人／幫我寫一封推薦信／兩種寫法／字態媳美中秋／時光亂入／因著我仍願／笑笑中計

除了詩集裡的目次，書名、歌名、電影，也都可以拿來玩。我拍了自己書架上的書玩給小朋友看：

神的孩子都在跳舞／夢和誰玩？／哀愁的預感／往上跌了一跤／我為你灑下月光／一日浮生／上帝也得打卡／活著就是愛／可是我偏偏不喜歡

在課堂的限時創作中，不像圖書館或書櫃上那麼多的詩句可以集，我請小朋友們隨意拋出自己讀過的書名、唱過的歌名、看過的電影名，將它們寫在黑板上，形成一個詩句資料庫，供小朋友提取創作：

一起走

請放慢腳步
我帶你
心如止水的
在充滿稻香的田野走走
再找一個朋友
即使我們是三個傻瓜
還都是遲到大王
但

我們至少會放慢腳步
欣賞四周

——劉硯淳（六年級）

離別時刻

那些年／時間的齒輪轉動著
窗外稻香飄散／你身上／彷彿有隱形的翅膀
帶我飛到快樂天堂
如今離別時刻／思念飄向北方
天黑請閉眼／我期待天亮睜眼的那一刻
童話不要畫上句點

——蔡宸翊（六年級）

在孩童天生的直覺和悟性未鈍化之前，把詩送到他們眼前，讓孩子寫的詩帶領我們重返童年。

古詩新作

「我告訴過你我的額頭我的髮想你」讀到陳育虹的詩，我的腦海裡浮現李白〈長干行〉的「妾髮初覆額，折花門前劇。郎騎竹馬來，繞床弄青梅。」這堂課就來今古輝映、古詩新作吧！

在引用古文或古詩來創作的現代詩中，洛夫的〈愛的辯證〉應是最廣為人知的。「尾生與女子期於梁下，女子不來，水至不去，抱梁柱而死。」洛夫據此，創作了〈愛的辯證〉（一題二式），分別是「我在水中等你」及「我在橋下等你」。我讓小朋友比較，當河水暴漲，這兩式中的主角各有什麼抉擇？而在抉擇之前，他們心中揣想的是什麼？假設小朋友是尾生，遇到這種狀況會如何？又如果他們是被等待的、姍姍來遲的那個人，他們對這兩式中不同的結局想說些什麼？

水深及膝
淹腹
一寸寸漫至喉嚨
浮在河面上的兩隻眼睛
仍炯炯然望向一條青石小徑……。

小朋友們覺得第一式是個恐怖的鬼故事，尤其是「浮在河面上的兩隻眼睛」好恐怖！而「水來我在水中等你／火來我在灰燼中等你」根本「陰魂不散誰稀罕」、「怎麼有那麼笨的人！水淹到膝蓋就要跑了啊！」、「不珍惜生命、不孝順！」

幾乎一面倒的說這是恐怖鬼片，紛紛表示不懂「尾生抱柱」似的情感為什麼讓人稱頌。

至於第二式「我在橋下等你」，在河水暴漲之前：

風狂
雨點急如過橋的鞋聲
是你倉促赴約的腳步？
撐著那把
你我共過微雨黃昏的小傘……。

有小朋友提出疑惑：「『是你倉促赴約的腳步』，他女朋友不是在路上了嗎？為什麼又說「『篤定你是不會來了』？」

另一個細心的小朋友說：「那是他的想像，他把雨聲想像成腳步聲，所以後面的標點符號是問號。」

「這個人比較聰明，命比較重要，女朋友再交就有了。」

「我投他一票，在橋下等比在水中等安全，如果是我，約來家裡就好。」

一連串自畫重點發言後，我要小朋友找出自己覺得最有詩意的句子。

有人說是「一束玫瑰被浪捲走／總有一天會漂到你的手中」。

而得到最多青睞的是「裝滿一口袋的雲彩，以及小銅錢似的叮噹的誓言」

「但是我比較希望他裝滿一口袋的錢來找我。」有人這麼說，其他人紛紛表示贊同。

欣賞、討論過現代詩〈愛的辯證〉，在讓小朋友創作前，我賞析了古詩——王維的〈送別〉，引導他們進入詩的意境，並藉由提問讓他們思考，創作時可以如何延伸。

山中相送罷，
日暮掩柴扉；
春草明年綠，
王孫歸不歸？

我們先探討這首詩如何成形，藉著what、how、why的提問，推敲場景、動作、對話、念頭、心境如何表現於詩篇中。

王維的這首詩不寫出依依離情、難分難捨的場景，直接跳到「送罷」、「日暮」，彷彿天色，是從離人的心底開始暗下來的。想像送別者回到家中進屋前獨自關上柴門的動作，以及在一片寂靜中，柴門開闔發出的聲響給人帶來什麼樣的感受？有小朋友說他鄉下阿公家的門也會發出聲音，像是一種沙啞的哭聲。我提醒小朋友讀古詩時多留意聲音和動作透出的訊息。

掩上柴門後，內心戲才正要展開，離思籠罩的漫漫長夜，心裡念想著什麼？明明期盼春草再綠時的聚首，卻不明白的寫出：「我等你回來。」而是以隱約含蓄的問句作結，這是一種什麼樣的關係和心境？而你是否也有類似的心情與之呼應？

在現代詩和古詩的浸潤後，孩子們寫下了自己的古詩新作：

多希望這條路沒有盡頭
日
永不落下
我們就一直這樣走著
秋天的落葉
鋪在山徑
你說等綠草從土裡探出頭
就會回來
我撥開泥土
撒下一把種子
施肥
灌溉

你
怎麼還不回來？

——黃甯謙（八年級）

《錦瑟》

錦瑟無端五十弦，一弦一柱思華年。
莊生曉夢迷蝴蝶，望帝春心託杜鵑。
滄海月明珠有淚，藍田日暖玉生煙。
此情可待成追憶？只是當時已惘然。

——李商隱

不需要理由

時光向西奔騰
經過南華休憩的那棵樹下
穿過杜鵑以淒涼咳出的血
我回頭
惘然追尋
猛然發覺
這
不過是五十條弦
突然交織而成的一場夢
罷了

——李昀沄（七年級）

《飲湖上初晴後雨》

水光瀲灩晴方好，
山色空濛雨亦奇；
欲把西湖比西子，
淡妝濃抹總相宜。

——蘇東坡

大雨中
美麗的山
被煙雨捉住
吃掉了。
雨過後

太陽援助
湖面波光閃閃
我也一身綠意。
不論我化不化妝
湖
這面魔鏡
總是毫不猶豫的說：
你比西施更美麗！

——蔡宸翊（六年級）

隱題詩

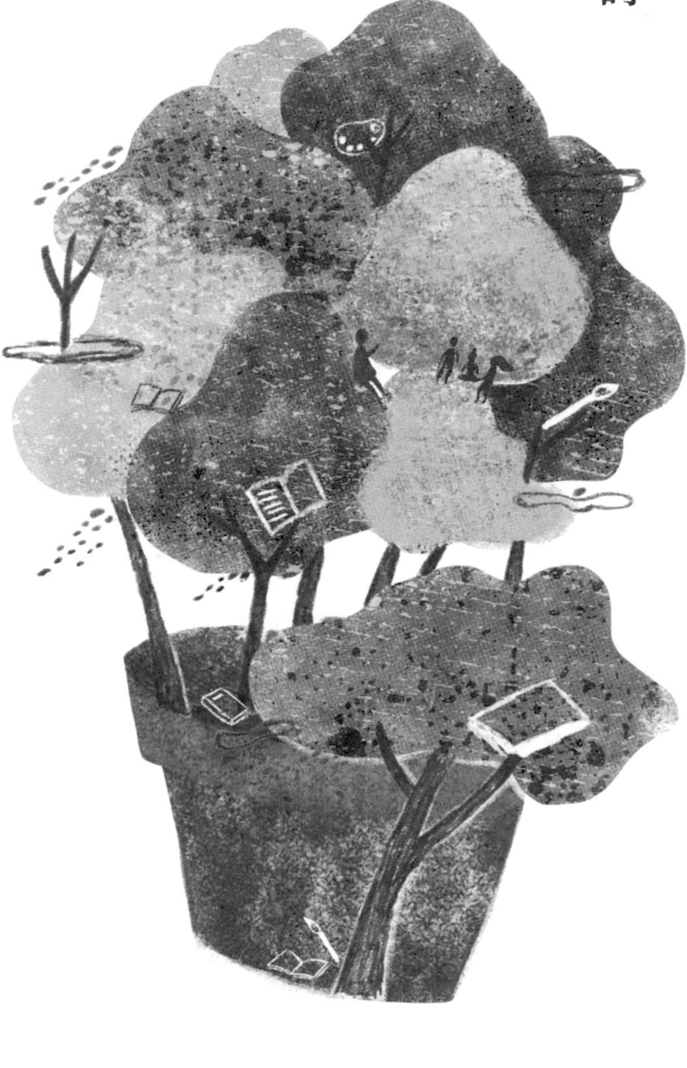

我說要教他們寫祕密情書，就算被爸媽發現也不會有事，孩子們頓時睜大了眼睛。

提到隱題詩，洛夫的這首詩是絕對是會讓人融化的經典：

你兜著一裙子的鮮花從樹林中悄悄走來
是準備去赴春天的約會？
我則面如敗葉，髮若秋草
惟年輪人緊繞著你不停地旋轉
一如往昔，安靜地守著歲月的成熟
的確我已感知
愛的果實，無聲而甜美

先不說箇中奧妙，讓孩子們朗讀一遍，馬上有孩子大悟喊出：「你是我唯一的愛！」接著便急切探問：「還有沒有？像這樣的詩？」

洛夫有一整本詩集裡都是這樣的詩喔！

我還跟孩子們說，有一年的隱題詩徵文比賽，題目是：以隱題句「一本詩集有如一頭小獸」（蘇紹連創作）依序當作各行詩句的第一個字，任意增生原創詩句，完成一首10行的詩作。蘇紹連的示範作品是這樣的：

一盞燈飼養了許多影子
本來以為它們不是
詩人寫的意象，竟然暗中

集結成遊行的詩句
有肢體，有毛髮，有齒
如不安的群眾
一旦燈熄了以後，明天
頭條新聞標題會是誰的詩
小心查閱，再點亮燈
獸，猛然從詩集中躍出

在得獎的作品中，我挑了一首內容比較貼近孩子的詩作，是周天派的作品：

一名故事書跳出來的人物

本領高超
詩詞書畫樣樣通
集集火車站前賣藝
有時找來書中的小動物
如蚱蜢，倉鼠，黑熊等
一起表演，從早到晚
頭痛了才休息
小歇片刻後
獸說：我們想念原來的家。

這首詩果然敲中了孩子們的心！「這是從書裡跳出來的動物馬戲團！」「蚱蜢黑熊蟑螂螞蟻都可以寫喔？」、「那花蓮火車站也可以啊！」、「不一定要寫情詩嘛！」、「最後一句讓人憂傷。」

喜悅或憂傷，都足以引發創作的能量，孩子們寫下了自己的隱題詩。

在涼風中沉思

在秋天的黃昏
涼爽的樹蔭下
風，輕快的吹奏圓舞曲
中途，樹
沉默著

思念著失蹤的昨日

——徐淑寧（四年級）

賓拉登在這裡

賓客悠閒地吃著飯
拉著小提琴的樂師
登上了階梯
在大廳中演奏著優美的音樂
這個時候
裡面的魔術師出來表演隱身術

——何承旂（四年級）

感動人的詩

感冒的人
動也動不了
人正在感冒
的確很嚴重
詩，真的令人感冒

——林少康（四年級）

如果「詩，真的令人感冒」，我更相信那因為「感」動而「冒」出來的詩句，會像「哈啾」一樣，有宣暢氣機、通關開竅、行氣活血之效。

鏡頭下的詩

DE
DE ANIMA
POSSVNT.
§. CXXX.

「帶好每個孩子」這句話流傳已久，曾經相信自己可以！曾經質疑自己可以？後來我想：要帶好、教會每個孩子，絕對不能只靠自己，每個孩子都有自己的通道，我不能接通的，別的老師或許可以。所以只要知道哪裡有善於寫作教學的老師，我就會邀請他來到我的課堂，為孩子打開另一扇學習的窗。

這堂課來的是紀錄片導演李秀美。當導演拿出小紙條，要和小朋友玩人、事、時、地、物的拼湊遊戲時，坦白說，我心裡想的是：這老掉牙的遊戲！但這畢竟只是暖身而已，當導演進入寫作主題的核心，帶著小朋友一起欣賞《小鏡頭外的大世界》這本繪本，我看見她的攝影眼、鏡頭力神奇地牽動出孩子寫作的靈感。

這本繪本的作者伊斯特凡．曼艾十足是個視覺魔術師，他運用攝影運鏡的手法，設計出一張張沒有文字的圖畫。翻開第一頁——紅色帶斑點的冠狀物特寫鏡頭幾乎占滿整個頁面，但你無法確定它是什麼，直到翻至第二頁，一隻漂亮的公雞昂然現身，才讓人恍然大悟——那是公雞頭上的雞冠。

隨著鏡頭的推拉開展，每一頁都層層遞進，延伸出令人始料未及的場景：屋子裡的窗戶旁，有兩個小孩站在椅子上，面朝窗外看著站在圍籬上的公雞；而這兩個孩子原來是在一間小農舍裡，農舍外的院子裡，有一隻貓咪、小馬、幾隻雞鴨和小豬低頭吃著食物。

鏡頭拉開更遠的距離：不只一間農舍，這是一個有好多間農舍的大農場啊！喔不！巨人的手出現，挪動著農舍——剛才看見的所有都只是積木玩具！那雙手正是一個穿著黃色衣服、綁著紅色髮帶小女孩的手，她正重新排列組合著農場積木。仔細一看，畫面的右上角出現了三根神秘的手指頭。趕緊翻開下一頁——竟然！包括小女孩，之前出現的一切，都只是一本雜誌的封面，這本雜誌的主人拿著雜誌，在游泳池邊睡著了。

往下一頁翻去——這是一座遊輪上的游泳池，好多人悠閒的在郵輪上觀海、游泳、曬太陽。但事情沒有那麼單純——再往下翻，這座大郵輪，其實是加州公車上的一張海報，這公車，正行駛在熱鬧的街道上。

當然，這也絕非實情，熱鬧的街道和公車，不過是電視螢幕裡的畫面，有個戴著牛仔帽、穿著紅靴子、拿著菸斗的男人正看著電視。翻頁一看——這個男人，他可不是坐在家裡呀！他是坐在亞利桑那州，電影畫面般的沙漠場景，看著一台小電視。隨後，這一切，又如夢幻泡影般，只是一封明信片上的一張郵票上的圖畫。

這封明信片，被郵差送到了索羅門群島，交到了當地人的手中。島上的居民們，正在向天空呼嘯而過的飛機揮手，而飛機上的機師，在空中，俯視著這一切，然後越飛越高、越飛越遠，離開大氣層，直到地球成為宇宙中的一個小亮點。

這本繪本裡一連串的轉折、透視、奇遇、視覺衝擊，讓我們大呼過癮，更令人拍案叫絕的是，導演竟然從最後一頁往前翻，要我們以相反的順序往前再看一遍，從外太空回到地球回到城市回到村莊回到家回到公雞的雞冠，這放射再收攏，是諸法空相，遍滿虛空。

我想到卞之琳〈斷章〉

你站在橋上看風景，
看風景人在樓上看你。
明月裝飾了你的窗子，
你裝飾了別人的夢。

我們都在巨人的花園裡，巨人在如來佛的掌心，如來佛在混沌的一滴眼淚裡……。
這趟一小時往返宇宙的旅程給我們帶來太大的震撼，背後蘊含的敘事意義，只有詩能銘記。

鏡頭下的世界

水中的蓮花，靜靜的睜開眼，

水面，躺著一個男人，
他的的嘴角，揚起一抹微笑，
隨即，進入永不甦醒的長眠。
櫻花樹哭泣著，
花瓣飄下，
宛如向死者致哀，
千里之外，
老天爺不禁嘆息著，
瞬間落下的閃電，
呼應著祂的嘆息。

——劉牧和（五年級）

蝗蟲，在一顆足球上；
足球，在教練的腳底下；
教練，在學員圍坐的圓中間；
圓，在十一人制的奧運足球場裡；
球場，在面積很大的大學裡；
大學，在擁有鷹眼的我——的眼裡。

——黃禎祥（六年級）

一朵黃色的向日葵，
直挺挺的站在綠油油的草地上，
那片綠油油的草地，
鋪在我的畫裡，

畫，掛在我家客廳，
我的家，在美麗的山莊，
山莊，被拍成一張風景明信片，
明信片，在我溫暖的心坎裡。

——陶儀玲（三年級）

參考及引用書目（依姓氏排列）

卞之琳《斷章》長江文藝出版社
利文祺《文學騎士》斑馬線文庫
李進文《雨天脫隊的點點滴滴》九歌
夜無《褪獸期》斑馬線文庫
林婉瑜《愛的24則運算》聯合文學
段戎《保密到家》聯合文學

洛夫《愛的辯證——洛夫選集》文藝風
洛夫《隱題詩》爾雅
夏宇《備忘錄》自費出版
秦佐《擱淺在森林》註異文庫
馬尼尼為《我現在是狗．老貓簡史》斑馬線文庫
陳克華《你便是我所有詩與不能詩的時刻》斑馬線文庫
陳克華《寫給我62個男人的備忘錄》斑馬線文庫
陳育虹《魅》寶瓶
楊牧《楊牧詩集》洪範
楊澤《薔薇學派的誕生》洪範
雷光夏《臉頰貼緊月球》SONY MUSIC
瑪格麗特．懷茲．布朗《重要書》青林

管管《腦袋開花》商周
簡禎《水問》洪範
藍朗《如果人間煉獄中有你》斑馬線文庫
藍朗《我要和你一起腐爛》練習文化實驗室
蘇紹連《私立小詩院》秀威資訊
顧城《回家：顧城精選詩集》木馬文化

詩的小宇宙
和孩子玩現代詩

作　　者／韓麗蓮
繪　　者／蔡豫寧
社　　長／林宜澐
總 編 輯／廖志墭
主　　編／林佳誼
書封設計／蔡豫寧
內文排版／藍天圖物宣字社

出　　版／蔚藍文化出版股份有限公司
地址：10667臺北市大安區復興南路二段237號13樓
電話：02-2243-1897
臉書：https://www.facebook.com/AZUREPUBLISH/
讀者服務信箱：azurebks@gmail.com

總 經 銷／大和書報圖書股份有限公司
地址：24890新北市新莊市五工五路2號
電話：02-8990-2588

法律顧問／眾律國際法律事務所　著作權律師／范國華律師
電話：02-2759-5585　網站：www.zoomlaw.net

印　　刷／世和印製企業有限公司
定　　價／台幣250元
初版一刷／2020年12月
I S B N／978-986-5504-33-5

國家圖書館出版品預行編目（CIP）資料

詩的小宇宙：和孩子玩現代詩／韓麗蓮著；蔡豫寧繪 . -- 初版 . -- 臺北市：蔚藍文化出版股份有限公司，2020.12

面；　公分

ISBN 978-986-5504-33-5（平裝）

1. 詩法

812.11　　109019017